# BEI GRIN MACHT SICH IHR WISSEN BEZAHLT

- Wir veröffentlichen Ihre Hausarbeit,
  Bachelor- und Masterarbeit

- Ihr eigenes eBook und Buch -
  weltweit in allen wichtigen Shops

- Verdienen Sie an jedem Verkauf

Jetzt bei www.GRIN.com hochladen
und kostenlos publizieren

GRIN

**Bibliografische Information der Deutschen Nationalbibliothek:**

Die Deutsche Bibliothek verzeichnet diese Publikation in der Deutschen National-
bibliografie; detaillierte bibliografische Daten sind im Internet über http://dnb.d-
nb.de/ abrufbar.

**Impressum:**

Copyright © 2017 GRIN Verlag, Open Publishing GmbH
Druck und Bindung: Books on Demand GmbH, Norderstedt Germany
ISBN: 9783668561328

**Dieses Buch bei GRIN:**

http://www.grin.com/de/e-book/379097/die-entwicklung-des-e-sports-und-der-
heutige-status-im-vergleich-zu-konventionellen

Patrick Adam

# Die Entwicklung des "e-Sports" und der heutige Status im Vergleich zu konventionellen Sportarten

## Forschung und Entwicklung in Sportmärkten

GRIN Verlag

**GRIN - Your knowledge has value**

Der GRIN Verlag publiziert seit 1998 wissenschaftliche Arbeiten von Studenten, Hochschullehrern und anderen Akademikern als eBook und gedrucktes Buch. Die Verlagswebsite www.grin.com ist die ideale Plattform zur Veröffentlichung von Hausarbeiten, Abschlussarbeiten, wissenschaftlichen Aufsätzen, Dissertationen und Fachbüchern.

**Besuchen Sie uns im Internet:**

http://www.grin.com/

http://www.facebook.com/grincom

http://www.twitter.com/grin_com

Deutsche Hochschule für
Prävention und Gesundheitsmanagement
Hermann Neuberger Sportschule 3
66123 Saarbrücken

# Einsendeaufgabe

**Fachmodul:**       Forschung und Entwicklung in Sportmärkten

**Studiengang:**     Sportökonomie – MSÖ

**Datum**
**Präsenzphase:**     02.05.2017-05.05.2017

**Name, Vorname:**    Adam, Patrick

**Studienort:**      **Saarbrücken**

**Semester:**       **SS 2016**

# Inhaltsverzeichnis

# 1 Trend-, Markt- und Konsumentenforschung

## 1.1 Datenanalyse

Unter dem Begriff „eSports" wird im Allgemeinen die Veranstaltung von Wettkämpfen auf der Basis von MOBA-Games (Multiplayer-Online-Battle-Arena Games) verstanden. Dieser Markt begann seine Entwicklung in den letzten Jahren in Korea (vgl. Bräutigam, 2015, S. 40 ff.).

Grundlage dieser Marktentwicklung stellen die ausgetragenen Meisterschaften zu den Spielen „Pac-Man" und „Space-Invaders", welche durch die 1990 veranstaltete US-weite World-Championship durch Nintendo, sinnbildlich verdeutlich werden.

Die heutige „eSports"-Szene wurde jedoch erst durch die Vernetzung der einzelnen Spieler durch das Internet geprägt. Durch die Spiele „Quake" und „Star Craft" entwickelten sich erste „Clans" und „Ligasysteme", welche mit den heutigen Vernetzungen und Systemen vergleichbar sind (vgl. Freunhofer, 2015, S. 38-39).

Das Jahr 2000 stellt für die Entwicklung des „eSports" einen Meilenstein, durch die Gründung der ESL (Electronic Sports League), dar. Die ESL setzte sich als Ziel, durch mehrere Ligen Millionen Spieler online zu vernetzten, diese Matches online zu übertragen und Wettbewerbe mit hohen Preisgeldern zu veranstalten. Durch die Einbindung der Konsolen, erlebte der „eSports"-Markt, durch namenhafte Spieleentwickler, wie „Activision", „Electronic Arts" und „Sony", einen erheblichen Aufschwung (vgl. Freunhofer, 2015, S.38).

Im kommenden Abschnitt wird die Organisation des beschreibenden „eSports"-Marktes aufgearbeitet. Es werden Ligensysteme, Verbandsstrukturen, Wettbewerbe und deren Preisgelder dargestellt.

Die ESL ist heute die größte „eSports"-Liga weltweit. Innerhalb der ESL spielen weltweit 7.365.804 Mitglieder 12.580.134 Matches und nahmen an 91.972 Turnieren teil (vgl. ESL, 2017).

Die folgende Grafik stellt die marktführende Position der ESL weltweit dar. Am Beispiel des Games „CS:GO" verzeichnet die ESL 84,5 Millionen Zuschauerstunden Platz 1.

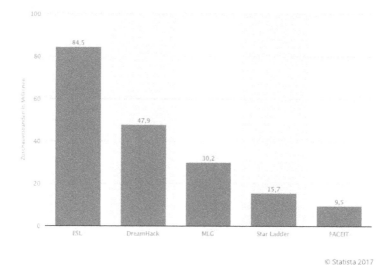

**Abbildung 1: Zuschauerstunden von CS:GO-Events auf Twitch.tv im Zeitraum Juli 2015 bis April 2016 nach Organisator (Newzoo, 2016)**

Am 11. August 2008 wurde in Seoul die International eSports Federation gegründet. Bis heute ist die International eSports Federation der größte Verband des „eSports". Der Verband startete 2008 mit insgesamt neun Mitgliedsnationen und zählt heute über 48 Mitgliedsnationen (vgl. IeSF, 2017).

Um den drastischen Anstieg dieses Marktes zu veranschaulichen, werden im Folgenden die Zahlen größten Meisterschaften der letzten Jahre dargestellt.

Der US-amerikanische Computerspiel-Entwicklungsunternehmen wurde 2006 in Los Angeles gegründet (vgl. Brice, 2009). Am 27.10.2009 veröffentliche Riot Games das bis heute beliebteste „eSports"-Game „League of Legends".

Bereits im Jahr 2014 richtete Riot Game in Seoul die Weltmeisterschaft zu „League of Legens" aus und konnte 40.000 Zuschauer vor Ort und 2,7 Millionen Zuschauer online vorweisen.

In Europa konnte ein Turnier der ESL One in Frankfurt am Main im Juni 2015 Zuschauerzahlen von 30.000 vor Ort und über 1.000.000 online vorweisen. Bei diesem Event wurde das Spiel „Dota 2" von dem US-Entwicklungsstudio Valve gespielt.

Die folgende Grafik zeigt, dass das, von Riot Games entwickelte, Game „League of Legends" aktuell im Mai 2017 und das, von Valve entwickelte, Game „Dota 2" die meisten Zuschauerzahlen in Millionen auf Twitch.tv vorweisen können.

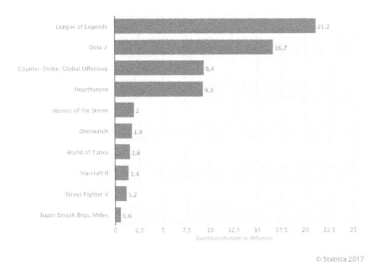

**Abbildung 2: Die meistgeschauten eSports-Game-Events auf Twitch.tv im Mai 2017 (Newzoo, 2017)**

Die nächste Abbildung zeigt die weltweiten eSports-Zuschauer in den Jahren 2015/2016, sowie eine Prognose für die Jahre 2017/2020 in Millionen auf. Im Jahr 2016 konnte ein Wert von 323 Millionen Zuschauern erreicht werden und die Prognose für das Jahr 2020 liegt bei 589 Millionen Zuschauern. Interessant bei dieser Statistik ist, dass das Verhältnis zwischen „gelegentlichen Zuschauern" und „eSports-Enthusiasten" in jedem Jahr bei einem Verhältnis von ca. 1:1 liegt. Dieser Fakt ist besonders interessant in Bezug auf die Charakteristika der „eSports"-Interessenten, da davon ausgegangen werden kann, dass jeder 2. Zuschauer bei einem „eSports"-Event ein Enthusiast ist und somit das Gut „eSports" regelmäßig konsumiert.

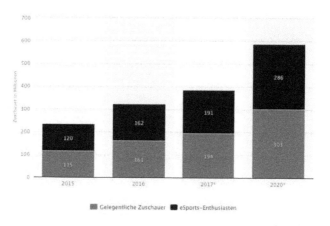

**Abbildung 3: Prognose zur Anzahl der eSports-Zuschauer weltweit in den Jahren 2015 bis 2020 (Newzoo, 2017)**

Im Weitern wird auf die Altersverteilung der deutschen „eSports"-Zuschauer eingegangen, um diverse Zielgruppen weiter zu charakterisieren. Der unteren Abbildung geht hervor, dass 38% der Zuschauer zwischen 16 und 24 Jahre alt sind. Nachfolgend wird die Altersgruppe von 25-34 Jahre mit 30% definiert. Diesen Fakten geht hervor, dass 68% und damit 2/3 der deutschen Zuschauer bei „eSports" Event der Altersklasse 16 bis 34 Jahre zuzuordnen sind.

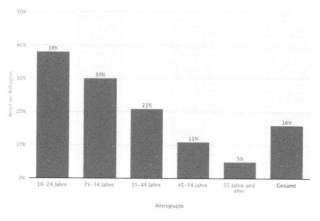

**Abbildung 4: Anteil der deutschen Internetnutzer, die sich bereits ein eSports-Spiel angeschaut\* haben, nach Altersgruppe im Jahr 2016 (BIU, 2016)**

Weiterhin wird auf die Zuschauerzahlen vor Ort eingegangen. In der unteren Abbildung wird ein Vergleich der Zuschauerzahlen auf dem Jahr 2016 des „Intel Extreme Masters", welches von der ESL ausgerichtet wird, und dem Festival „Rock am „Ring" gezogen. Es ist deutlich zu erkennen, dass das „Intel Extreme Masters" mit 104.000 Zuschauern vor Ort bereits größer ist als das Festival „Rock am Ring" mit ca. 90000 Zuschauern.

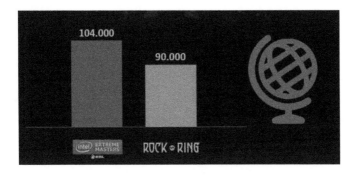

**Abbildung 5: Persönliche Abbildung (Reichert, 2017)**

Im den anknüpfenden Abbildungen werden die gesamten Preisgelder dargestellt, welche in den Jahren von 2005 bis 2016 weltweit bei allen „eSports"-Turnieren ausgeschüttet wurden. Vergleichbar zu den bereits erläuterten Daten, lässt sich ebenfalls im Bereich der weltweit ausgeschütteten Preisgelder das enorme Wachstum des „eSports"-Marktes veranschaulichen. Die Abbildung zeigt, dass die gesamten Preisgelder im Jahr 2005 von 3,6 Millionen US-Dollar auf 93,3 Millionen US-Dollar im Jahr 2016 anstiegen. Dies beschreibt ein Wachstum von ca. 2492 % in 11 Jahren. Um diese Zahlen zu veranschaulichen wird ein Vergleich zu den ausgezahlten Preisgeldern der FIFA innerhalb der Weltmeisterschaften von 2002 bis zur Weltmeisterschaft 2014 gezogen. Im Jahr 2002 schüttete die FIFA insgesamt 134 Millionen US-Dollar und ihm Jahr 2014 insgesamt 358 Millionen US-Dollar aus. Diese Zahlen beschreiben ein Wachstum von ca. 167% (vgl. FIFA, 2014).

Weiterfolgend werden innerhalb der nächsten Tabelle die einzelnen Preisgelder der bis heute größten ausgetragenen Wettbewerbe innerhalb des „eSports" aufgelistet.

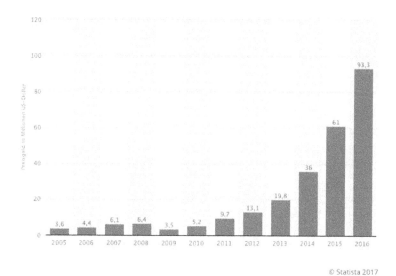

© Statista 2017

**Abbildung 6: Jährliche Gesamtpreisgelder der eSports-Turniere weltweit in den Jahren 2005 bis 2016 (Newzoo, 2017)**

| Turnier | Preisgeld in Millionen US-Dollar |
|---|---|
| The International 2016 (Dota 2) | 20,77 |
| The International 2015 (Dota 2) | 18,43 |
| The International 2014 (Dota 2) | 10,93 |
| LoL 2016 World Championship (League of Legends) | 5,07 |
| DAC 2015 (Dota 2) | 3,06 |
| The Frankfurt Major 2015 (Dota 2) | 3 |
| The Boston Major 2016 (Dota 2) | 3 |
| The Manila Major 2016 (Dota 2) | 3 |
| The Shanghai Major 2016 (Dota 2) | 3 |
| The Kiev Major 2017 (Dota 2) | 3 |
| The International 2013 (Dota 2) | 2,87 |
| Smite World Championship 2015 (Smite) | 2,61 |
| Halo World Championship 2016 (Halo 5: Guardians) | 2,5 |

**Abbildung 7: Gesamtpreisgelder der höchstdotierten eSports-Turniere weltweit bis April 2017 (e-Sports Earnings, 2017)**

Nachdem in den vorangegangenen Zeilen die Organisation des „eSports" illustriert wurde, werden im Folgenden die Marktdaten des „eSports" vergegenständlicht. Es werden die Umsatzanteile, Reichweiten, Einschaltquoten, Zuschauerzahlen und die Umsatzentwicklung aufgearbeitet.

Das anschließende Kreisdiagramm beschreibt die Verteilung des Umsatzes des „eSports"-Marktes im Jahr 2016. Deutlich wird, dass 74% des Umsatzes indirekt, durch Sponsoring und Werbung, erwirtschaftet wird. Auffällig dabei ist, dass das Sponsoring der Turniere, der Spieler und der damit verbundenen eSports-Homepages einen Wert von 661 Millionen US-Dollar erreichte. Dieser Wert ist nur 11% geringer, als das gesamte Sponsoring der NBA in der Saison 2014-2015 (vgl. SuperData, 2016, S.5). Der direkte Anteil des Umsatzes liegt bei 231 Millionen US-Dollar. Besondere Beachtung wird hierbei auf den Wert der Preisgelder von 78 Millionen US-Dollar gelegt, da dieser Wert einen Anstieg von 46% im Vergleich zum Vorjahr 2015 beschreibt. Da immer mehr Spieleentwickler und private Veranstalter den Turnierkalender erweitern, konnte der Umsatz durch Ticketverkäufe und Merchandise auf 53 Millionen US-Dollar, welches einen Anstieg von 33 Millionen US-Dollar im Vergleich zum Vorjahr beschreibt, gesteigert werden (vgl. SuperData, 2016, S.5).

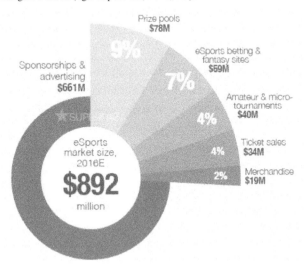

**Abbildung 8: eSports Market Segments - eSports Indirect and Direct Revenue by Segment (SuperData, 2016, S.5)**

Die Reichweiten im Social-Media-Bereich gewinnen auch im „eSports"-Markt immer mehr Bedeutung. Der unten aufgeführten Abbildung zeigt, dass das „Team Fnatic" auf der Social-Media-Plattform bereits über 2,5 Millionen „Likes" vorweisen kann. Im Vergleich dazu wurde die professionelle Fußballmannschaft „Schalke 04" und der Rennsportfahrer „Fernando Alonso" gewählt. Es ist erkennbar, dass ein einzelnes erfolgreiches Team des „eSports"-Bereiches bereits vergleichbare Werte im Social-Media-Bereich vorweisen kann, wie etablierte Sportvereine oder einzelne Athleten.

In Bezug auf die Social-Media-Plattform „Twitter" genießen die einzelnen Top-Athleten in der „eSports"-Szene wenig Aufmerksamkeit. Der momentan erfolgreichste Gamer „UNiVeRsE" mit bürgerlichem Namen Saahil Arora schafft es auf 144.000 Follower auf Twitter. Cristiano Ronaldo liegt bei 55,4 Millionen Follower auf Twitter.

**Abbildung 9: Persönliche Abbildung (Reichert, 2017)**

Um abschließend auf die realisierten Umsätze im Bereich des „eSports" einzugehen, werden in nachfolgend die Umsätze für die Jahre 2015 und 2016, sowie auf die Prognose der Umsätze für die Jahre 2017 und 2020 eingegangen. Laut der abgebildeten Statistik erwirtschaftete der „eSports"-Markt einen Gesamtumsatz von 493 Millionen US-Dollar im Jahr 2016. Der prognostizierte Umsatz für das Jahr 2020 liegt bei 1488 Millionen US-Dollar, welches ein Wachstum innerhalb von 4 Jahren ca. 202% beschreiben würde. Diese Steigerung des Umsatzes wäre gleichzusetzen mit der Umsatzsteigerung der UEFA in den Jahren 2012/13 zu 2015/2016, welche eine Steigerung von ca. 170% vorweisen konnte (vgl. UEFA, 2017).

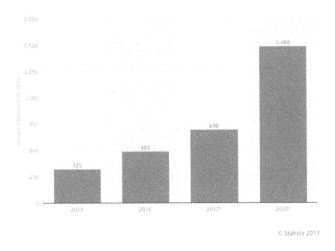

© Statista 2017

**Abbildung 10: Umsatz im eSports-Markt weltweit in den Jahren 2015 und 2016 und Prognose für 2017 und 2020 (Newzoo, 2017)**

Als Fazit meiner Datenanalyse möchte ich betonen, dass sich der „eSports" Markt in den letzten Jahren zu einem etablierten Bestandteil des weltweiten Sportmarktes entwickelt hat. Die Zuwächse im Bereich der erreichten Umsätze und der ausgeschütteten Preisgelder sind immens. Der Bereich des Sponsorings wurde ebenfalls rasant aufgebaut, ebenfalls durch den Gewinn namhafter Sponsoren wie Coca-Cola oder Nissan (vgl. SuperData, 2016, S.5). Die Zuschauerzahlen erreichen Rekorde, sowohl vor dem TV, als auch vor Ort. Der Bereich des Social-Media erreicht bei einzelnen Teams die Dimensionen von etablierten Sportvereinen, wobei jedoch ein Potenzial bei der Vermarktung der einzelnen besten Spieler auf den Plattformen „Twitter" und „Instagram" zu erkennen ist.

## 1.2 Maßnahmenentwicklung

Im Folgenden werden, unter Berücksichtigung der vorangegangenen Datenanalyse, drei konkrete Maßnahmen vorgestellt, wie der vorliegende Kunde, ein Unternehmen aus der Bankbranche, den Markt „eSport" für seine kommunikativen Ziele nutzen kann. Das Ziel des Bankunternehmens ist es, sein Image unter den 15- bis 30-Jährigen zu verbessern.

Der „eSports"-Markt bietet laut Prognose 589 Millionen Zuschauer im Jahre 2020, wovon laut einer Studie aus dem Jahr 2016 38% der Zuschauer 16-24 Jahre alt und 30% 25-34 Jahre alt waren. Somit ergibt sich ein Anteil von 68% der Zuschauer, welcher mit der angegebenen Zielgruppe der Bank übereinstimmt. In Zahlen ergibt der „eSports"-Markt eine prognostizierte Zuschaueranzahl von ca. 400 Millionen für die gewünschte Alterszielgruppe.

Des Weiteren ist zu beachten, dass laut einer Studie 50% im Alter von 16-24 und 46% im Alter von 25-34 aller Internetnutzer die Bedeutung von „eSports" kennen (vgl. BIU, 2016). Diese Studie unterstreicht das prognostizierte Wachstumspotenzial der ersten angesprochenen Studie innerhalb der gewünschten Alterszielgruppe.

### 1. Maßnahme: Partnerschaft mit der ESL (Electronic Sports League)

Die erste Maßnahme beinhaltet eine Sponsoring-Partnerschaft mit der Electronic Sports League. Aus der vorangegangenen Datenanalyse ist zu entnehmen, dass die ESL über 7 Millionen registrierte Spieler weltweit vorweisen kann und somit die größte „eSports"-Plattform weltweit darstellt. Weitergehend verzeichnet die ESL die meisten Zuschauerzahlen am Beispiel des Spiels „CS:GO" (Newzoo, 2016).

Eine Partnerschaft mit der ESL verspricht demnach eine schnelle Einbindung in den „eSports"-Markt, eine schnelle und direkte Verknüpfung mit der gewünschten Altersgruppe und demnach eine Verbesserung des Images und der Bekanntheit der Bank. Diese Maßnahme beschreibt ein Marketing in der ersten Reihe, da der Name der Bank als Sponsor der größten Liga eine hervorrage Aufmerksamkeit für die Bank schafft. Zu beachten ist, dass diese Maßnahme die kostenintensivste der drei dargestellten Maßnahmen ist, jedoch sehr attraktiv auf Grund der zu realisierenden Reichweite erscheint.

## 2. Maßnahme: Sponsoring eines „eSports"-Teams

Die zweite Maßnahme beschreibt ein Sponsoring eines aktiven und erfolgreichen „eSports"-Teams, welches an den größten Turnieren weltweit teilnimmt und erfolgreich im oberen Drittel abschneidet. Vorreiter dieser Turniere sind die „Intel Extreme Masters", welches eine weltweite Turnierserie, veranstaltet von der ESL, ist. Durch ein Sponsoring eines teilnehmenden Teams ist es möglich über das Jahr verteilt durch die Repräsentanz des gesponserten Teams Reichweite und Touchpoints bei der gewünschten Altersgruppe zu erzeugen. Innerhalb dieser Maßnahme handelt es sich im ein Marketing in der zweiten Reihe, sodass die Bank nicht als Sponsor der kompletten Liga fungiert, sondern als Sponsor eines der besten teilnehmenden Teams. Diese Maßnahme erscheint kostengünstiger als die 1. Maßnahme, überzeugt jedoch ebenfalls durch eine hohe Reichweite, da die angesprochene Altersgruppe eine hohe Aufmerksamkeit auf die ausführenden Organe der „eSports"-Branche legt.

## 3. Maßnahme: Sponsoring eines einzelnen Spielers

Die dritte Maßnahme beschreibt das kleinste Projekt der dargestellten Maßnahmen, jedoch beinhaltet diese Maßnahme ebenfalls, auf eine längere Zeit betrachtet, ein großes Potenzial. Die aktuell erfolgreichsten Spieler, gemessen an dem erspielten Preisgeld, sind Saahil Arora und Peter Dager (vgl. e-Sports Earnings, 2017).

Innerhalb der Datenanalyse wurde auffällig, das beide Profigamer innerhalb ihrer Social-Media-Aktivitäten Defizite, im Vergleich zu Profisportlern in anderen populären Disziplinen, aufweisen. Durch ein Sponsoring eines Spielers auf diesem Leistungslevel in Kombination mit einer Vermarktung des Social-Media-Auftrittes entsteht eine Partnerschaft auf gegenseitigem Interesse. Saahil Arora weißt auf Twitter lediglich 144.000 und Peter Dager 131.000 Follower auf. Durch den Aufbau dieser Werte lässt sich eine große Reichweite für den Spieler und für die Bank aufbauen, um das Image und die Bekanntheit innerhalb der geforderten Altersgruppe auszubauen.

## 1.3 One Pager

Der folgende One Pager stellt die für unseren Kunden relevanten Daten und Fakten dar. Er soll als Grundlage für die eigenständige Präsentation bei der Bank dienen und mit weiteren Daten und Fakten aus der eigenen Datenanalyse (siehe 1.1) erweitert werden.

# „eSports" - von „Pac-Man" zu einem Weltmarkt

**1990:**
World Championships mit dem Game „Pac-Man" und „Space Invaders" von Nintendo

**2000:**
Gründung der „Electronic Sports League" - Etablierung einer offiziellen Liga im „eSpors"

**2008:**
Gründung der „eSports Federation" - erster offizieller Verband im „eSports"

**2009:**
Veröffentlichung des bis heute beliebtesten Games „League of Legends" von Riot Games

**2014:**
Weltmeisterschaft zu „League of Legends" in Seoul mit 40.000 Zuschauern vor Ort und 2,7 Millionen Zuschauern online

**2016:**
„Intel Extreme Masters" der ESL mit 104.000 Zuschauern vor Ort

**2017:**
„League of Legends" mit über 21 Millionen Zuschauern online

Der „eSports"-Markt entwickelte sich von 1990 mit dem Spiel „Pac-Man" bis heute zu einem der Märkte mit dem größten Wachstum im Sportbereich. Er definiert sich auf einen Wettkampf, indem Einzelspieler oder Teams online auf PC- oder Konsolen Wettbewerbe austragen.

Kernfakten „eSports" :
- Gesamtpreisgelder im Jahr 2016 von **93,3 Millionen US-Dollar**
- Gesamtumsatz „eSports" im Jahr 2016 von **892 Millionen US-Dollar**
- Prognose für den Jahresumsatz in 2020 liegt bei **1.488 Millionen US-Dollar**
- Gesamtzuschauerzahlen lagen im Jahr 2017 bei **323 Millionen**
- Prognose für die Gesamtzuschauerzahlen im Jahr 2020 liegen bei **589 Millionen**

Umsatzsteigerung „eSports" 2015/2016: **43%**

Umsatzsteigerung 1. Fußball-Bundesliga 2015/2016: **24%**

Gesamtzuschauerzahlen "eSports" 2016: **323 Millionen**

Gesamtzuschauerzahlen Superbowl 2016: **111 Millionen**

## Warum „eSports"?

Die dargestellten Daten und Fakten zeigen, dass der Wachstum und die Reichweite des „eSports" aktuell seinesgleichen innerhalb des Sportmarktes sucht.
Die angegebenen Prognosen der Zuschauerzahlen und des Umsatzes des „eSports" unterstreichen diesen aktuellen Trend.

## Korrekte Maßnahmen

**68%** der aktuellen „eSports"-Zuschauer sind **16-34 Jahre** alt. Dies entspricht einer Reichweite von ca. **220 Millionen** im Bereich der **gewünschten Altersgruppe**.

1.) Partnerschaft mit der ESL (Electronic Sports League)
2.) Sponsoring eines „eSports"-Teams
3.) Sponsoring eines einzelnen Spielers

**Abbildung 11: One Pager - eigene Darstellung**

# 2   Vereinsentwicklung und Vermarktung

Im Folgenden werden fünf Gründe für einen Einstieg in den Markt des „eSports" für einen Verein aus der 1. Fußball Bundesliga dargestellt. Anschließend wird ebenfalls auf drei mögliche Risiken eingegangen.

### 1.  Argument: „eSports" als profitables Businessmodell

Die aktuellen Marktdaten bestätigen, dass sich „eSports" als profitabler Markt mit großen Wachstumspotenzial erweist. Mit den Erkenntnissen und Möglichkeiten eines Vereines aus der 1. Bundesliga lassen sich diverse Vorgehensweisen aus dem Leistungssport „Fußball" im „eSport" integrieren.

Im Bereich des Marketings und des Merchandise verfügt ein Bundesligist über hervorragende Kenntnisse. Die Fähigkeiten und das Netzwerk, welches im Fußball genutzt wird, kann in eine neugegründete Mannschaft im „eSport" adaptiert werden.

In Bezugnahme der stetigen Weiterentwicklung des „eSports" eröffnen sich weitere Türen. Marktbereiche wie ein ausgeprägtes Transfersystem, ein fundiertes Scouting, eine eigene Talentschmiede, sowie eine einheitliche Trainingslehre sind noch kein Bestandteil im „eSport", sind jedoch auf Grund der Entwicklungsgeschwindigkeit in dieser Branche absolut Bestandteil der Zukunft. Auch hier ist es von großen Vorteil auf bereits bestehende Systeme und Erfahrungen aus dem Fußball zurückgreifen zu können (vgl. Schmidt, 2017).

### 2.  Argument: Erschließung von neuen Zielgruppen

Die Hauptzielgruppe des „eSports" besteht zu 68% aus 16- bis 34 Jährigen. Dieser Fakt zeigt, dass durch einen Einstieg in den „eSports"-Markt eine Möglichkeit geschaffen wird, die heutige „Generation Z" (Jahrgänge 1995 bis 2010) und die „Millennials (Jahrgänge ab 2000) anzusprechen.

Im Bereich des Onlinegamings besteht die Möglichkeit diese Generationen anzusprechen und ebenfalls durch eine eigene Mannschaft im „eSports" diese Generationen für den Fußball zu begeistert. Der Einstieg in den „eSport" beschreibt somit eine Investition in die Zukunft um den vorhandenen Bereich des Fußballs auch in der Zukunft an die Bedürfnisse der kommenden Generationen anzupassen und weiter zu fördern.

**3. Argument: „eSports" als Schritt in die Digitalisierung**

Die Digitalisierung ist in der heutigen Zeit einer der wichtigsten Bestandteile in der Sportbranche. Die einzelnen Vereine haben es sich zur Aufgabe gemacht, die neuen Generationen durch digitale Kommunikationswege und Auftritte besser zu erreichen. Durch die Umsetzung eines eigenen „eSports"-Teams wird es zur Pflicht sich mit neuen Technologien, Kommunikationswegen, -kanälen und –formaten auseinanderzusetzen.

Zusammenfassend beschreibt dieses Argument die Chance, Erfahrungen aus dem „eSports"-Markt im Bereich der digitalen Kommunikation auf den Hauptbereich des Fußballs zu adaptieren (vgl. Schmidt, 2017).

**4. Argument: Internationalisierung durch „eSport"**

Da der „eSports"-Markt ein internationaler Markt ist, lässt sich die eigene Reichweite des Fußballvereins durch die erfolgreiche Vermarktung eines eigenen „eSports"-Teams verknüpfen. „eSports" wird bis 2020 über 589 Millionen Zuschauer generieren, sodass durch den eigenen Vereinsnamen im „eSports" auch die Bekanntheit des Fußballvereins international ausgebaut werden kann. In Verknüpfung mit dem neueröffneten Büro in New York und den Trainingslagern und Freundschaftsspielen in China und Indonesien lassen sich gemeinsame Interessen durch die Verknüpfung eines „eSports"-Teams mit dem eigenen Fußballverein vereinen.

**5. Argument: Sponsorengewinnung durch den „eSports"-Markt**

Durch eine erfolgreiche Etablierung eines „eSports"-Teams ergeben sich ebenfalls neue Möglichkeiten im Rahmen der Sponsorengewinnung. Für potentielle Sponsoren in der „eSports"-Branche kann es von Bedeutung sein, wenn durch ein Sponsoring eines „eSports"-Teams ebenfalls eine Zusammenarbeit mit einem großen Fußballverein im Hintergrund besteht. Ebenfalls können neue Sponsoren akquiriert werden, welche vorher allein durch das Fußballgeschäft nicht in Betracht kamen. Hersteller in der digitalen Geschäftswelt können durch ein Engagement im „eSports"-Markt ebenfalls Möglichkeiten in der Digitalisierung und in der Schaffung von neuen Sponsoring-Möglichkeiten des Fußballvereins darstellen. Dem Fußballverein steht eine neue Möglichkeit zur Verfügung um zum Beispiel einen neuen Technikpartner für das eigene Stadion gewinnen zu können.

## 1. Mögliches Risiko: Identitätsverlust des Vereins

Durch ein Engagement im „eSports"-Markt besteht das Risiko eines Identitätsverlustes des Vereins. Die Gefahr besteht, dass sich ein Teil der bestehenden Fans des Fußballvereins nicht mit der neuen digitalen Plattform identifizieren können. Der Gewinn der neuen Sympathisanten muss auf Grund der neuen Möglichkeiten, welche sich durch einen Einstieg in den „eSports"-Markt bieten, in einem positiven Verhältnis zum Verlust der bestehenden Anhänger des Fußballclubs stehen.

## 2. Mögliches Risiko: „eSports" ist noch keine offizielle Sportart

Bis heute unterliegt „eSports" nicht den Richtlinien des DOSB (Deutscher Olympischer Sportbund), das heißt, dass die Sportart nicht offiziell anerkannt wird. Im „eSports" werden ebenfalls Spiele als Plattformen benutzt, welche einen großen Bestandteil von „Ego-Shootern" und kriegsähnlichen Situationen unterliegen. Des Weiteren kritisiert der DOSB die Sportart „eSports" in den Punkten der fehlenden Bewegung und der bereits aufgeführten Missachtung von ethischen Werten innerhalb der ausgetragenen Spiele.

## 3. Mögliches Risiko: „eSports" ist ein neuer Markt

Der generelle „eSports"-Markt ist ein sehr junger Markt, welcher sich erst seit wenigen Jahren im Aufschwung befindet. Die vorliegenden Prognosen für diesen Markt sind positiv, jedoch muss sich „eSports" im großen gesamten Sportmarkt noch absolut etablieren. Ein Investment in einen jungen aufstrebenden Markt birgt immer ein Risiko.

# 3 Innovationsmanagement

## 3.1 Problemerkenntnis

### 3.1.1 Ist-Situation

Der Mehrspartenverein „FC Colonia Mühlheim e.v." möchte gegen die negative Mitgliederzahlenentwicklung, durch eine Steigerung des Bekanntheitsgrades und durch deine Verbesserung des eigenen Images, arbeiten. Der Verein weißt einen Abgang von 164 Mitgliedern und eine veraltete Vereinsstruktur und –Führung auf.

Das Gesamtbild des Vereines beschreibt eine Struktur, welcher der heutigen Generation nicht mehr als Zielgruppe gerecht wird. Der digitale Auftritt des Vereins wird durch die Besitzer des Vereins nebenberuflich organisiert, weiterführend gibt es bis heute keinen Social-Media-Auftritt, wodurch neue Mitglieder generiert werden können.

Die Veranstaltungen, welche durch den Verein organisiert werden und zur Neumitgliedergenerierung dienen, leiden unter fehlendem Personal, welches ehrenamtlich immer schwieriger zu finden ist.

Der Verein hat es verpasst sich zu modernisieren und die neue Generation für ihren Verein zu begeistern. Beispielhaft dafür stehen die Vermarktung des eigenen Fan-Schals, welcher lediglich in Form eines Banners bei Spielen der 1. Fußballmannschaft beworben wird, und der Druck des Vereinsmagazins in schwarz-weiß. Aus diesen Fakten erschließt sich letztendlich auch der hohe Altersdurchschnitt der Mitglieder, welche sich in fast allen Sparten des Vereins wiederfindet.

### 3.1.2 Auswirkungen

Das Gesamtbild des Vereins ist durch seinen hohen Altersdurchschnitt, dem fehlenden zeitgerechten Marketing und den fehlenden Helfern innerhalb des Vereines charakterisiert.

Sollte der Verein an diesen drei Hauptmerkmalen weiterhin festhalten, werden die Mitgliederzahlen weiter sinken, bestehende Mitglieder zu alt werden und der Verein in weiterer Zukunft nicht mehr bestehen.

Der Verein muss sich einer Modernisierung unterziehen. Ein modernes Marketingkonzept, eine neue Vereinszeitung und eine jüngere Altersstruktur müssen geschaffen werden. Durch diese Maßnahmen wird erzielt, dass der Verein wieder mehr Aufmerksamkeit bei der jüngeren Generation erreicht und seine Mitgliederzahlen steigern kann.

### 3.1.3 Kundensegmentierung

Im Folgenden werden die Kunden des FC Colonia Mühlheim e.V. an Hand ausgesuchter Kriterien segmentiert.

Tabelle 1: Kundensegmentierung

| | Gruppe 1:<br><br>Jugendliche und junge Erwachsene bis 29 Jahre | Gruppe 2:<br><br>Erwachsene ab 30 Jahren | Gruppe 3:<br><br>Senioren ab 60 Jahren |
|---|---|---|---|
| **Geschlecht** | männlich/weiblich | männlich/weiblich | männlich/weiblich |
| **Einkommen** | gering bis mittelständig | mittelständig bis hoch | gering bis hoch |
| **Social-Media-Affinität** | hoch | mittel | gering |
| **Freizeitgestaltung / Vereinszugehörigkeit** | Hobbies neben dem Studium/Beruf, gering | Sport als Ausgleich zum Beruf, mittel | Sport als Freizeitgestaltung, Hobbie, soziale Verknüpfung, hoch |
| **verfügbare Freizeit** | gering | mittel | hoch |

### 3.1.3.1 Segmentierung Gruppe 1 – Persona

Unsere Person heißt Max, ist 23 Jahre alt und studiert Fitnessökonomie an der DHfPG. Er wohnt bei seinen Eltern in Köln und ist leidenschaftlicher Tennisspieler. In seiner Freizeit genießt der das Leben mit seinen Freunden und tauscht sich mit ihnen besonders über alle gängigen Social-Media-Kanäle aus. Des Weiteren zählt es zu seiner seine Freizeit mit dem Sport zusammen mit seinen Freunden zu kombinieren. Dabei zählen Besuche der Spiele des Vereins 1. FC Köln und die eigene aktive Karriere auf dem Tennisplatz.

### 3.1.3.2 Segmentierung Gruppe 2 – Empathiekarte

Im Folgenden wir die Empathiekarte mit den modifizierten Fragen nach Osterwalder & Pigneur (2011, S.135) dargestellt.

**1.) Was sieht er?**

-Umfeld mit hoher ästhetischer Affinität

-Freundeskreis treibt mehrmals die Woche Sport

-Freunde kommen aus der Schule/Ausbildung/Sportvereine

-Durch Social-Media umkreisen ihn mehrere Angebote aus der Sport- und Fitnessbranche (Mitgliedschaften, Supplements, etc.)

-Einkommen als Schüler/Student/etc. reicht nicht aus um allen Bedürfnissen zur Eigen- und Fremddarstellung in Sachen Sport und Fitness gerecht zu werden

**2.) Was hört er?**

-Umfeld setzt hohen Wert auf ein sportliches Aussehen und erwartet dieses auch von seinen Freunden

-Freunde und „Influencer" auf den Social-Media-Kanälen leben einen Fitnesslifestyle vor

**3.) Was denkt und fühlt wer wirklich?**

-Möchte genauso fit und ästhetisch wie seine Freunde sein und aussehen

-Möchte gut in seiner Sportart sein

-Möchte gesellschaftlich akzeptiert sein

-Möchte sich selbst im Kreise seiner Freunde wohlfühlen

**4.) Was sagt und tut er wirklich?**

-Betreibt Sport um gesellschaftlich akzeptiert zu werden

-Sehr diszipliniert

-Profiliert sich durch sein äußeres Erscheinungsbild

-Folgt immer (wenn möglich) den neusten Trends

**5.) Welches sind die negativen Aspekte im Leben des Kunden?**

-Ständiger Druck auf dem neusten Stand zu sein und fit zu sein

-Angst, nicht mehr durch seine Fitness polarisieren zu können

-Genutzte Zeit um Sport zu treiben wird in Frage gestellt

**6.) Welches sind die positiven Aspekte im Leben des Kunden?**

-Er genießt die Aufmerksamkeit durch sein sportliches Auftreten

-Gesundheit der eigenen Person

-Nutzt seine Leistungsfähigkeit auch in alltäglichen Aufgaben

### 3.1.3.3 Segmentierung Gruppe 3 – jobs to be done

Im Folgenden wird die 5-W-Methode (vgl. Eyal, 2014, S. 56) das Konzept „jobs to be done" veranschaulicht. Segmentiert wird mit dieser Methode eine Person aus Gruppe 3, welche älter als 60 Jahre ist.

1. Frage: Warum möchten Sie Sport betreiben?

   Ich möchte mich mit gleichaltrigen Menschen fit halten.

2. Frage: Warum möchten Sie sich fit halten?

   Ich möchte weiterhin aktiv am Leben teilnehmen und gegen den Alterungsprozess arbeiten.

3. Frage: Warum möchten sie weiterhin aktiv am Leben teilnehmen?

   Meine Leidenschaft ist es auch im hohen Alter aktiv Zeit mit meiner Familie und meinen Enkeln zu verbringen.

4. Frage: Warum möchten Sie aktiv Zeit mit ihrer Familie und ihren Enkeln verbringen?

   Weil meine Familie das wichtigste in meinem Leben ist.

5. Frage: Warum ist die Familie das wichtigste in Ihrem Leben?

   Weil sie mein stärkster Rückhalt in meinem hohen Alter ist und ich ihnen nicht zur Last fallen möchte.

## 3.2 Ideenfindung – Brainstorming

Im Folgenden werden zehn Ideen aufgelistet, welche ein innovatives Produkt beziehungsweise eine innovative Dienstleistung für den Verein darstellen.

- Ausbau der Trainingsfläche in Bezug auf CrossFit und Functionaltraining
- Aufbau eines eigenen Social-Media-Auftrittes in Kombination einer neuen Website
- Onlineshop für Merchandise und Ticketing
- Farblich gestaltetes Vereinsmagazin mit Onlineausführung
- Verbesserung der eigenen Gastronomie
- Ausbau der verfügbaren Fanartikel
- Aufbau einer eigenen Kinderbetreuung zur Integration der ganzen Familie
- Gesellschaftliche Seniorenkurse zur Prävention anbieten
- Vereinsfest und Jugendfest organisieren

## 3.3 Selektion

Der „FC Colonia Mühlheim e.v." wünscht eine Steigerung seines Bekanntheitsgrades und eine Verbesserung seines Images, sodass auf langfristige Sicht die hauptsächliche Integration von Neumitgliedern bis 29 Jahre angestrebt wird. Um diese Zielgruppe zu erreichen, ist es wichtig eine Digitalisierung in den Verein anzustreben. Die Idee ist es, den Verein mit einer modernen Homepage und einem Social-Media-Auftritt auszustatten.

## 3.4 Konkretisierung

Die Idee der Erstellung einer neuen Website in Kombination mit einem Auftritt in allen gängigen Social-Media-Plattformen soll die neue heranwachsende Generation auf den Verein aufmerksam machen und sie von einer Mitgliedschaft überzeugen. Der Verein soll durch diese Onlineplattform neu belebt werden. Durch die Präsentation eines lockeren und freizeitlichen Vereinslebens soll die Reichweite und die Aufmerksamkeit neuer Interessenten generiert werden.

Folgend wird das Hakenmodell (vgl. Eyal, 2014, S.13) auf die konkretisierte Idee angewandt werden.

**Tabelle 2: Hakenmodell**

| Auslöser | Handlung |
|---|---|
| Der Auslöser besteht aus dem Negativtrend der Mitgliederentwicklung des Vereines. Der Verein möchte diesem Trend entgegenwirken, indem er auf neue Kommunikationskanäle setzt, welche die neue Generation anspricht. | Der Verein lässt durch eine IT-Firma eine neue aktivierende Homepage erstellen, welche das Vereinsleben attraktiv darstellt und besonders die junge Altersgruppe bis 29 Jahren anspricht. Durch weitere Auftritte in allen gängigen Social-Media-Kanälen durch einen ausgewählten Betreuer steigt der Bekanntheitsgrad des Vereins in der gewünschten Zielgruppe. Der Verein holt die potentiellen Mitglie- |

| Investition | Variable Belohnung |
|---|---|
| der somit in ihren Social-Media-Aktivitäten ab. | |
| **Investition** | **Variable Belohnung** |
| Der Verein muss eine Investition zur Erstellung der neuen Website und der Social-Media-Kanäle tätigen. Des Weiteren ist eine Investition zur Pflege der neuerstellen Kommunikationswege nötig um den positiven Trend der Vereinsentwicklung aufrecht zu erhalten. | Der Verein generiert auf Grund der neuen Homepage und der gesteigerten Reichweite innerhalb der gewünschten Zielgruppe durch die Social-Media-Kanäle neue Mitglieder und kann somit einen positiven Trend in der Mitgliederbilanz vorweisen. Durch das Akquirieren junger Mitglieder, kann das Bestehen des Vereins längerfristig gesichert werden |

## 3.5 Lean Start-Up Ansatz

Innerhalb des folgenden Kapitels werden zwei Hypothesen aufgestellt, welche sich auf die entwickelte Idee beziehen und wie diese überprüft werden können.

1.) Hypothese: „Der Verein gewinnt durch die neue Website neue Interessenten und Mitglieder."

Diese Hypothese spiegelt den Erfolg der Integrierung der neuen Website wieder. Dieser Erfolg kann durch eine Umfrage unter den Neumitgliedern gemessen werden, indem der erste Touchpoint, beziehungsweise der erste Kontakt zum neuen Verein, erfragt wird.

Des Weiteren können die Zahlen der Zuschauer bei Spielen und Wettkämpfen, die Merchandiseeinnahmen und der allgemeine Mitgliederzuwachs im Vergleich zur Zeit mit der alten Website in Relation gestellt werden.

2.) Hypothese: „Die „Social-Media-Plattformen" verändern die Altersstruktur des Vereins."

Diese Hypothese spiegelt den Erfolg der neu eingerichteten Kommunikationswege auf allen gängigen Social-Media-Plattformen wieder. Zu einem kann das Durchschnittalter der bestehenden Mitglieder vor und nach dem Social-Media-Eintritt verglichen werden. Weiterhin kann durch die erreichte Reichweite der Bekanntheitsgrad im Ort der genannten Alterszielgruppe bis 29 Jahren durch eine Umfrage ermittelt werden und diese dem Wert des Vorjahres gegenübergestellt werden.

# 4 Literaturverzeichnis

BIU. (2016): Anteil der deutschen Internetnutzer, die sich bereits ein eSports-Spiel angeschaut haben, nach Altersgruppe im Jahr 2016. Zitiert nach de.statista.com. Zugriff am: 19.07.2017. Verfügbar unter: https://de.statista.com/statistik/daten/studie/589661/umfrage/anteil-der-esports-zuschauer-in-deutschland-nach-alter/

BIU. (2016): Anteil der deutschen Internetnutzer, die bereits von eSports gehört haben und die Bedeutung kennen, nach Altersgruppe im Jahr 2016. Zitiert nach de.statista.com. Zugriff am: 20.07.2017. Verfügbar unter: https://de.statista.com/statistik/daten/studie/450388/umfrage/umfrage-zur-bekanntheit-von-esports-in-deutschland-nach-alter/

Bräutigam, T. (2015): Aus Hardcore-Gamern werden Hardcore-Fans. In: GamesMarkt 15. Jg., H. 16, S. 40 ff.

Brice, K. (2009): Blizzard develpoers join Riot Games' online title. In: GamesIndustryInternational vom 25. Juni 2009. Zugriff am 20.07.2017. Verfügbar unter: http://www.gamesindustry.biz/articles/blizzard-developers-join-riot-games-online-title

ESL (2017): Statistik weltweit. Zugriff am 20.07.2017. Verfügbar unter: https://play.eslgaming.com/germany

e-Sports Earnings. (2017): Gesamtpreisgelder der höchstdotierten eSports-Turniere weltweit bis April 2017 (in Millionen US-Dollar).Zitiert nach de.statista.com. Zugriff am: 19.07.2017. Verfügbar unter: https://de.statista.com/statistik/daten/studie/261931/umfrage/preisgelder-der-hoechstdotierten-esports-turniere/

e-Sports Earnings. (2017): Gesamtpreisgelder der bestverdienenden eSports-Profispieler weltweit bis Juni 2017 (in US-Dollar). Zitiert nach de.statista.com. Zugriff am: 19.07.2017. Verfügbar unter: https://de.statista.com/statistik/daten/studie/453686/umfrage/preisgelder-der-bestverdienenden-esports-profispieler/

Eyal, N. (2014). Hooked. Wie Sie Produkte erschaffen, die süchtig machen (1. Aufl.). München: Redline Verlag. Verfügbar unter: http://nirandfar.com/

FIFA. (2014): Gesamtvolumen ausgezahlter Preisgelder bei der Fußball-WM von 2002 bis 2014 (in Millionen US-Dollar). Zitiert nach de.statista.com. Zugriff am: 19.07.2017. Verfügbar unter: https://de.statista.com/statistik/daten/studie/220073/umfrage/preisgelder-bei-fussball-wm-seit-2002/

Freunhofer, S. (2015): Esport Athleten an der Maus. In: GamesMarkt 15. Jg., H. 16, S. 38–39

IeSF (2017): About IeSF. Zugriff am 20.07.2017. Verfügbar unter: http://www.ie-sf.org/iesf/

Newzoo. (2016): Zuschauerstunden von CS:GO-Events auf Twitch.tv im Zeitraum Juli 2015 bis April 2016 nach Organisator (in Millionen Stunden). Zitiert nach de.statista.com. Zugriff am: 19.07.2017. Verfügbar unter: https://de.statista.com/statistik/daten/studie/582804/umfrage/zuschauerstunden-von-csgo-events-auf-twitch/

Newzoo. (2016): Jährliche Gesamtpreisgelder der eSports-Turniere weltweit in den Jahren 2005 bis 2016 (in Millionen US-Dollar). Zitiert nach de.statista.com. Zugriff am: 19.07.2017. Verfügbar unter: https://de.statista.com/statistik/daten/studie/719114/umfrage/jaehrliche-gesamtpreisgelder-der-weltweiten-esports-turniere/

Newzoo. (2017): Die meistgeschauten eSports-Game-Events auf Twitch.tv im Mai 2017 (in Millionen Zuschauerstunden). Zitiert nach de.statista.com. Zugriff am: 19.07.2017. Verfügbar unter: https://de.statista.com/statistik/daten/studie/586858/umfrage/meistgeschaute-esports-game-events-auf-twitch/

Newzoo. (2017): Prognose zur Anzahl der eSports-Zuschauer weltweit in den Jahren 2015 bis 2020 (in Millionen). Zitiert nach de.statista.com. Zugriff am: 19.07.2017. Verfügbar unter: https://de.statista.com/statistik/daten/studie/586871/umfrage/prognose-zur-anzahl-der-esports-zuschauer-weltweit/

Newzoo. (2017): Umsatz im eSports-Markt weltweit in den Jahren 2015 und 2016 und Prognose für 2017 und 2020 (in Millionen US-Dollar). Zitiert nach de.statista.com. Zugriff am: 19.07.2017. Verfügbar unter: https://de.statista.com/statistik/daten/studie/586871/umfrage/prognose-zur-anzahl-der-esports-zuschauer-weltweit/

Osterwalder, A. & Pigneur, Y. (2011). Business Model Generation. Ein Handbuch für Visionäre, Spielveränderer und Herausforderer. Frankurt am Main: Campus.

Prof. Dr. Schmidt, S. (2017): eSport und Fußball: Voneinander lernen vom 14.07.2017. Zugriff am 28.07.2017. Verfügbar unter: https://www.sponsors.de/esport-und-fussball-voneinander-lernen

Reichert, T. (2017): Abbildung aus eigener Präsentation. Leiter eSports Abteilung Schalke 04. Persönliche Mitteilung am 18.07.2017.

SuperData Research. (2016): eSports The 2016 Report Preview. Zugriff am: 19.07.2017. Verfügbar unter: https://superdata-research.myshopify.com/products/spring-2016-esports-market-report?variant=24025595907

UEFA. (2017): Gesamtumsatz der UEFA von der Saison 2007/2008 bis zur Saison 2015/2016. Zitiert nach de.statista.com. Zugriff am: 19.07.2017. Verfügbar unter: https://de.statista.com/statistik/daten/studie/221324/umfrage/uefa-umsatz/

# 5 Abbildungs- und Tabellenverzeichnis

## 5.1 Abbildungsverzeichnis

## 5.2 Tabellenverzeichnis

Lightning Source UK Ltd.
Milton Keynes UK
UKHW010614171019
351778UK00001B/337/P

9 783668 561328